El Secreto

El Secreto

ISBN: 978-1-960761-12-5

Written by Baxter Kruger

© C. Baxter Kruger 2023

Publicado por primera vez en 1994, republicado en 2023

Acerca del Autor

Baxter ha estado casado con Beth durante 40 años. Tienen cuatro hijos y cuatro nietos y viven en Brandon, Mississippi. Recibió su Ph.D. en Kings College, Universidad de Aberdeen en Escocia bajo la dirección del profesor James. B. Torrence. El Dr. Kruger es autor de 9 libros, incluidos los éxitos de ventas internacionales, El Regreso a la Cabaña, Patmos, y su primer libro pequeño, La Parábola del Dios que Danza, numerosos ensayos, cientos de horas de enseñanza y una variedad de estudios en línea —todo disponible en perichoresis.org.El Dr. Kruger ha viajado por el mundo durante 30 años proclamando las buenas nuevas de nuestra inclusión en Jesús y su relación con su Padre en el Espíritu. Le gusta cocinar cangrejos de río, tallar a mano señuelos de pesca, jugar al golf y le encanta pasar tiempo con sus nietos.

Diseño de portada: Tom Collins, South Australia

Diseño y Diagramación: Karen Thompson, Western Australia

Traducción y edición al español: Marisol Barrera, Colombia

Illustrations: Dianne C. Bryan Jackson, MS

Una nota sobre la palabra *Pericoresis*

La aceptación genuina elimina el miedo y el escondite, y crea libertad para conocer y ser conocido. En esta libertad surge un compañerismo y un compartir tan honesto, abierto y real que las personas involucradas habitan unas en otras. Hay unión sin pérdida de identidad individual. Cuando uno llora, el otro siente el sabor a sal. Es solo en la relación Trina de Padre, Hijo y Espíritu que existe una relación personal de este orden, y la Iglesia primitiva usó la palabra "pericoresis" para describirla. La buena noticia es que Jesucristo nos ha atraído dentro de esta relación, y su plenitud y vida deben desarrollarse en cada uno de nosotros y en toda la creación.

For more information on Baxter Kruger or Perichoresis, visite nuestro sitio web
www.perichoresis.org

El Secreto

Imagina un niño de ocho años en la feria. Ahí está, en medio de todo lo que sueña un niño. Paseos emocionantes, manzanas acarameladas y algodón de azúcar, juegos y premios, todo está a su alcance. Y está aprovechando al máximo el momento. Pero de repente se da cuenta de que ha sido separado de sus padres. Está perdido. Terror puro se apodera de su pequeña alma. En una fracción de segundo pasa de tener el mejor momento de su vida a estar tan aterrorizado que ni siquiera sabe que hay una feria. Su libertad para ver y disfrutar las cosas buenas y maravillosas que lo rodean se ha desvanecido en el aire.

Lo que esta historia nos está diciendo es que lo que sucede en nuestro interior da forma a la manera en que experimentamos lo que está fuera de nosotros. Nuestro interior puede estar tan destrozado que perdemos de vista las cosas grandiosas y asombrosas que nos rodean. Ya no las vemos como grandes e impresionantes. Y cuando eso sucede, perdemos nuestra libertad para disfrutarlas.

Creo que el niño de la feria es una parábola de la vida humana, es una imagen de lo que nos está pasando, de por qué nuestra alegría y satisfacción son tan fugaces, de por qué la vida puede ser tan dolorosa y sin sentido. Una y otra vez nos encontramos con algo que abruma nuestro interior. Bien puede ser que ni siquiera lo sepamos. La rumiación interna, por así decirlo, puede que ni siquiera alcance el nivel de nuestros sentimientos conscientes, y mucho menos la intensidad de sentimientos que vemos en el niño de la feria. Pero la rumiación está ocurriendo y el efecto es el mismo. El desconcierto interno pone en corto circuito nuestra capacidad de contemplar la gloria de la vida que nos rodea y, por lo tanto, cierra nuestra libertad para vivir en ella. Y no la vivimos. Nuestra vida se vuelve tan vacía como la risa de la señora que no entendió el chiste.

No es que la gloria se vaya. Es solo que ya no podemos verla. Miramos directamente a la sonrisa de una niña y no vemos nada. Allí está ella, un puro milagro, la encarnación viva de la belleza, y nos sonríe, ansiosa por compartir la vida. Pero miramos a través de ella, de su sonrisa y todo. Hacemos lo mismo con otras personas, con las flores, con la música, con el trabajo y con el béisbol. Su maravilla y gloria simplemente no se quedan registrados en nosotros. Nos parecen pálidos, mundanos, incluso aburridos y sin sentido. No creo que seamos conscientes de lo que está sucediendo. Pocas veces nos decimos a nosotros mismos que esta persona o esa flor es aburrida. Simplemente no los vemos por lo que son y, como resultado, su presencia no nos toca ni significa nada para nosotros. Antes de que nos demos cuenta, hemos pasado una semana, tal vez incluso meses y años, con los ojos vidriosos. Puede que estemos vivos, pero nos hemos perdido la oportunidad de vivir la vida. Porque no podemos relacionarnos, mucho menos disfrutar, con lo que no podemos ver.

ENANISMO

Permítanme contarles una historia que ilustra lo que nos hace este tipo de ceguera. Viene del espléndido cuento de C. S. Lewis,

EL SECRETO

Las Crónicas de Narnia.[1] La escena es de una tierra hermosa en un día claro. Toda la tierra está llena de gloria, viva con un resplandor que solo nuestros mejores y más gloriosos días pueden insinuar. Es Narnia, la tierra prometida y añorada. Varios de los héroes de la historia caminan con creciente asombro y alegría incontenible, sin haber imaginado nunca algo tan hermoso, tan intensamente vivo, tan real, tan bueno.

Pero también está presente un grupito amargado de enanos con el ceño fruncido. No están explorando. No hay luz de asombro en sus ojos. No tienen alegría. De hecho, están acurrucados en un círculo cerrado en el suelo. Lejos de saber que se encuentran en una tierra hermosa en un día despejado, creen que están atrapados en un "pequeño agujero de establo negro como boca de lobo, diminuto y maloliente".[2]

Lucy, una de las heroínas de la historia, les grita a los Enanos: "Pero no está oscuro, pobres estúpidos enanos. ¿No pueden ver? ¡Miren para arriba! ¡Miren alrededor! ¿No pueden ver el cielo y los árboles y las flores? ¿No pueden *verme*?"[3]

Uno de los enanos con el ceño fruncido, llamado Diggle, exclama exasperado: "¿Cómo en el nombre de todo Humbug ¿puedo ver lo que no hay? ¿Y cómo puedo verte más de lo que tú

---

1 C. S. Lewis, *Las crónicas de Narnia*, vol. 7: *La última batalla* (Nueva York: Collier Books, Macmillan Publishing Company, 1956). Véanse también los magníficos libros de Lewis, *Till We Have Faces* (Nueva York: Harcourt Brace Jovanovich, 1957) y *The Great Divorce* (Nueva York: Collier Books, Macmillan Publishing Company, 1946).
2 Lewis, *La Última Batalla*, p. 144.
3 Lewis, *La Última Batalla*, p. 144.

puedes verme en esta oscuridad total?"[4]

Al instante, un rayo de dolor atraviesa el corazón de Lucy. Entonces se le ocurre una idea. Coge unas violetas silvestres y se las arroja a Diggle. "Escucha, enano", dice, "incluso si tus ojos están mal, tal vez tu nariz esté bien: ¿puedes oler *eso*?"[5] Puede oler, pero lejos de oler violetas frescas, Diggle huele a basura de establo, y está tan profundamente ofendido que le da un golpe.

En este punto, aparece el gran león Aslan. Aslan es el héroe supremo de la historia y el responsable de la existencia y la gloria de Narnia. Lucy, en su desconcertado dolor por los enanos ciegos, inmediatamente le implora a Aslan que haga algo para ayudarlos. Lo que sigue es fascinante:

> Aslan levantó la cabeza y sacudió su melena. Instantáneamente apareció un banquete glorioso sobre las rodillas de los Enanos: empanadas y lenguas y palomas y bagatelas y helados, y cada Enano tenía una copa de buen vino en su mano derecha. Pero no sirvió de mucho. Comenzaron a comer y beber con bastante avidez, pero estaba claro que no podían saborearlo correctamente. Pensaron que estaban comiendo y bebiendo solo el tipo de cosas que podrías encontrar en un establo. Uno dijo que estaba tratando de comer

---

4 Lewis, *La Última Batalla*, p. 144.
5 Lewis, La *Última Batalla*, p. 145.

heno y otro dijo que había encontrado un trozo de un nabo viejo y un tercero dijo que había encontrado una hoja de col cruda. Y se llevaron copas doradas de rico vino tinto a los labios y dijeron "¡Ugh! ¡Imagina beber agua sucia de un abrevadero en el que ha estado un burro! Nunca pensé que llegaríamos a esto".[6]

Esta es una situación verdaderamente trágica. Los Enanos se sientan al aire libre en un espléndido día sin nubes. Ante ellos hay un delicioso festín convocado por el Rey (es cierto que tendrías que ser británico para pensar en esto como un festín, pero usa tu imaginación). Ellos tienen las copas de oro en sus manos. Pero, como dijo Lucy, sus ojos están mal, y también todo lo demás, terriblemente mal. ¡Beben el rico vino tinto de la tierra prometida y solo prueban el agua sucia del abrevadero de un burro!

Tenga en cuenta que el problema no es que los Enanos hayan sido excluidos de la gloria de Narnia. Están tanto en Narnia como los héroes. De hecho, sería imposible que los Enanos estuvieran más cerca de Narnia de lo que ya están. Pero sus ojos están equivocados.[7] Y la ausencia de una visión adecuada los deja incapaces de experimentar Narnia como *Narnia*. Al igual que el niño en la feria, la ceguera de los Enanos les roba la alegría de Narnia y los deja con el ceño fruncido y amargados.

---

6 Lewis, *La Última Batalla*, p. 145.
7 Ver Mateo 6:22-23.

Esto es lo que nos pasa. No es que estemos excluidos de Narnia, por así decirlo. La fiesta es nuestra. Diariamente cenamos la generosidad de la comida real del Rey y levantamos sus copas doradas de rico vino tinto. Pero sigue ocurriendo algo parecido a una ilusión óptica y no vemos bien. No vemos quiénes somos realmente, dónde estamos y con qué gloria estamos involucrados. Y esta ilusión óptica, esta ausencia de luz, esta ausencia de una visión adecuada, destruye nuestra capacidad de experimentar la fiesta como *fiesta*, la feria como *feria*, la vida como *vida*. Sin ver la gloria no tenemos libertad para vivir en ella. Y la vida inevitablemente se convierte en una rutina sin alegría, aburrida y sin sentido, a veces, incluso terrible.

El truco del Troll

Pero, ¿por qué estamos tan ciegos? ¿Qué crea la ilusión óptica? ¿Qué es lo que nos impide ver correctamente? Ya tenemos la primera parte de la respuesta en el cuento del niño de la feria. No podía ver correctamente porque sus entrañas estaban destrozadas. Es lo mismo con nosotros. Nuestros corazones se hacen trizas e instantáneamente perdemos nuestra seguridad, nuestra esperanza, nuestra estabilidad. Cuando eso sucede, nos volvemos tan ansiosos, temerosos y aterrados que perdemos nuestra capacidad de darnos cuenta.

Pero, ¿por qué perdemos nuestra seguridad, esperanza y estabilidad? ¿Qué hace que nuestro interior se destroce? El problema es que hay algo así como un viejo y repugnante troll acechando en

las sombras de nuestras vidas.[8] Se mantiene oculto, mientras sus pequeños y brillantes ojos están clavados en nuestros corazones. Él sabe cómo funcionan los seres humanos. Conoce la secuencia: la seguridad produce libertad para ver y ver trae alegría. Así que él está observando cuidadosamente, buscando el primer atisbo de seguridad o esperanza. Cuando lo ve, pone en marcha las ruedas, las ruedas de un plan diabólico hecho a medida para sofocar nuestra seguridad. El mecanismo ya está en su lugar y bien engrasado. Se necesita un mero susurro en el momento oportuno para que comience a moverse. Y somos tan ignorantes de sus planes que ni siquiera nos damos cuenta de lo que está pasando.

Con mucha más claridad que los seres humanos, el troll entiende que la única seguridad del universo es saber que Dios Padre Todopoderoso nos ha abrazado en Jesucristo. Entonces, sus esquemas están diseñados para evitar que conozcamos la verdad del abrazo del Padre o que la creamos. De cualquier manera, la única base de la seguridad real se eclipsa, y eso significa que la ceguera y, por lo tanto, la vida vacía están a solo un momento de distancia.

El troll es un maestro especialista en vergüenza. Se destaca en explotar nuestra culpa y nuestras heridas. Es como si llevara una pala con él y desenterrara todas las cosas negras que tratamos de mantener enterradas. Él desentierra nuestros fracasos,

---

8 Ver 2 Corintios 4:3-4 y 2 Timoteo 2:26.

especialmente aquellos de los que más nos avergonzamos -si los cometimos nosotros o nos los hicieron a nosotros, no le importa- y los arrastra para que tengamos que sentirlos y conocerlos de nuevo. Y luego susurra desde las sombras que somos inútiles, sin valor, que no contamos, lo siento, no somos nada. Su frase favorita es *"No soy..."* y nos la susurra tan sutilmente que creemos que *nosotros* la estamos diciendo: "No soy aceptable. No soy adecuado. No soy lo suficientemente inteligente, no lo suficientemente bueno, no soy capaz, no soy creativo, no soy especial. no lo estoy haciendo bien. No voy a lograrlo."

También susurra mentiras sobre Dios. Nos dice que Dios es como nuestro padre que nos pegaba o abusaba de nosotros o nos rechazaba. Nos dice que Dios es como un viejo profesor aburrido que se sienta en su torre de marfil murmurando cosas profundas para sí mismo. Él nos dice que Dios es como un bibliotecario que nos observa, lápiz en mano, desde la distancia, solo para controlar qué tan bien nos estamos acomodando en contra de Sus reglas. Nos dice que Dios es solo una versión divina de los nerds que pasan por predicadores en la televisión, o que Él es inalcanzable en su importancia personal como muchas de las personas religiosas que conocemos. Él nos dice que Dios es como "la fuerza" en *Star Wars*: incomprensible, incognoscible, innombrable e inútil para la persona promedio.

Ya ves lo que está haciendo el troll. Él nos está preparando. Él nos avergüenza tanto con nuestros fracasos, que es casi imposible para nosotros creer que pertenecemos a Dios. Sus mentiras de que

Dios es como nuestro padre o el bibliotecario ya nos han hecho creer que no le agradamos a Dios.

Así que su susurro "Yo no soy..." lleva fácilmente a "por lo tanto, Dios no podría quererme", "por lo tanto, Dios no está interesado en mí en lo más mínimo", "por lo tanto, Dios ha abandonado toda esperanza en mí, se ha dado por vencido en mí y se alejó." Y si eso no funciona, bueno, ¿qué seguridad puede venir de saber que perteneces a una fuerza desconocida, a un nerd divino o a un viejo profesor aburrido?

A lo largo de los años, el maligno ha tejido sus mentiras y acusaciones en nuestro pensamiento.

Juntos han producido en nosotros una profunda sospecha: "Estoy solo, perdido, abandonado, rechazado". Cuidadosamente ha empujado la sospecha a un pelo de ser una conclusión, una creencia. Estamos preparados y ni siquiera lo sabemos. Simplemente espera y observa en las sombras, no solo a la primera señal de seguridad, sino aún más importante, a que suceda algo negativo en nuestra experiencia. Luego nos susurra su última palabra: "Mira, te lo dije". Y en ese momento la sospecha se convierte en conclusión. *Creemos que estamos solos*, perdidos, abandonados, rechazados.

¿Qué nos hace creer esta mentira? Destroza absolutamente nuestras entrañas. Ya sea que nos demos cuenta o no, nuestra seguridad, esperanza y certeza se ven abrumadas, e inmediatamente perdemos nuestra libertad para ver. En una fracción de segundo, nuestra capacidad de notar, de contemplar, de descubrir, sufre un cortocircuito. Y no nos damos cuenta, y no darnos cuenta significa que la vida no nos da alegría. Nos deja vacíos. Y ninguno de nosotros puede vivir con el vacío, por lo que nos sumergimos desesperadamente en la persecución de algo que creemos que nos llenará, o huimos del dolor. Con toda probabilidad, ni siquiera sabemos lo que estamos haciendo.

La Verdad

Pero el troll es un mentiroso, el padre de la mentira.[9] Porque la verdad es que no estás perdido. Has sido *encontrado* por Dios Padre Todopoderoso en Su Hijo Jesucristo. Eso es lo que eres. No estás abandonado, solo o rechazado. Has sido reclamado, aceptado y abrazado por el Padre en Su Hijo.[10] El veredicto de Dios que se te dice en Jesús no es "Yo no soy", sino "*¡Tú eres mío!*"

Jesucristo ha tomado tus fracasos y errores, tu culpa y vergüenza, tu alienación, las mismas cosas que el troll desentierra, y las destruyó todas en la cruz.[11] Toda la oscuridad ha sido perdonada, eliminada, muerta. Está hecho, terminado, se ha ido para siempre. Ha puesto fin a todo lo que nos separa de su Padre y de la vida en Su casa. Por eso vino. Él fue enviado para prepararnos un lugar en la casa del Padre,[12] un lugar en el círculo de la aceptación, el amor

---

9 Ver Juan 8:44.
10 Ver 2 Corintios 5:14-21; Efesios 1:3-13; Colosenses 1:19ff.
11 Ver Colosesnes 2:13-14.
12 Ver Juan 14:1-3.

y el deite del Padre. Y nos ha preparado un lugar, nos ha hecho sitio en la vida del **Padre**.

Pero no lo sabes. El troll te hace creer que eres el niño abandonado y perdido en la feria. No sabes que has sido encontrado, acogido y abrazado por el mismo Padre. No sabes que Jesucristo es nuestro pastor,[13] enviado por el Padre, ni que nos ha buscado, nos ha encontrado, nos ha lavado y nos ha limpiado por completo, nos ha puesto sobre sus hombros y nos ha llevado a su Padre. Piensas que Dios es un bibliotecario o una fuerza desconocida en algún lugar. No sabes nada de la aceptación y el perdón del Padre, de Su gran pasión por ti, y del supremo *deleite* que tiene en ti.

Eres un pato sentado. Indefenso. Sin un conocimiento real del hecho de que Dios Padre Todopoderoso te ha agarrado con un enganche eterno en Jesucristo, no tienes respuesta cuando el maligno susurra. Cualquier esperanza que hayas logrado encontrar es arrastrada como un diente de león en la brisa. Tu interior está hecho trizas. Tu seguridad se ha ido. No ves la gloria. Tu vida es sin alegría.

¡Es hora de que despiertes y veas la luz! Es hora de que conozcas la verdad.[14] Es hora de que sepas quién es Dios en realidad, y quién *eres tú*, y que sepas qué cosa grande y asombrosa Dios, tu Padre, ha hecho realmente de *ti* en su Hijo por el poder del Espíritu.

---

13 Ver Juan 10:11-16.
14 Ver Juan 8:32

"Emanuel."[15] Ese es el resumen de Dios en una sola palabra de todo. Sabes lo que significa "Emanuel", ¿no? Significa "Dios está con nosotros". Note cuidadosamente que no significa que Dios *estuvo* con nosotros o que Dios *estará* con nosotros. Significa que Dios *está* con nosotros y nosotros *estamos* con Dios. Esta no es una idea religiosa. Y ciertamente no es una invitación que dependa de nuestra actuación religiosa. Emanuel es un hecho sólido como una roca, establecido por Dios. Es una declaración divina de cómo son realmente las cosas. Dios no nos ha abandonado. Él nos ha abrazado y nos ha hecho suyos en Jesucristo.

La Luz de la Vida

Pero, ¿qué significa exactamente decir que Dios está con nosotros y nosotros estamos con Dios en Jesucristo? Ciertamente significa que en Su gran pasión por nosotros, Dios ha dado un paso al frente y ha establecido una relación con nosotros. Él nos ha reclamado como suyos, ha borrado nuestros fracasos, ha quitado todo lo que nos separa de Él, nos ha redimido, nos ha aceptado y nos ha acogido en Su familia. Por lo menos, Emmanuel quiere decir que no estamos separados de Dios. No estamos ausentes de Él y Él no está ausente de nosotros. Estamos juntos y Dios está emocionado por eso.

Pero hay algo más, algo maravilloso, realmente asombroso, que se dice aquí sobre nosotros, sobre usted, sobre mi y nuestra humanidad, sobre nuestra existencia humana. En esta sola palabra,

---

15 Ver Mateo 1:23

"Emanuel", ¡Dios nos está diciendo que no tiene intención de ser Dios sin nosotros! Él nos está diciendo que la razón por la que nos hizo es para compartir Su vida con nosotros. Porque compartir la vida es el propósito de estar *con* alguien. Pero incluso aquí solo estamos arañando la superficie. Porque Emmanuel no es solo una declaración sobre la intención de Dios. Es una declaración sobre lo que está sucediendo en nuestras vidas ahora. Emanuel significa que Dios *ahora* está compartiendo Su vida con nosotros y *ahora estamos* compartiendo la vida de Dios. Estamos dentro del círculo de la vida de Dios ahora y, por lo tanto, la vida que estamos viviendo no es la nuestra. ¡Nuestra vida es nada menos que una participación en la vida de Dios!

Permítanme compartir una historia que nos trae esto a casa. Hace varios años, mientras clasificaba el correo, mi hijo y uno de sus amigos entraron al estudio donde yo estaba sentado. Yo no conocía a su amigo en absoluto. Éramos completos extraños. Ni siquiera sabía su nombre. Pero lo que sucedió se ha convertido para mí en una imagen concreta de Emmanuel.

Si bien este niño pequeño no me conocía ni cómo era yo, mi hijo sí. Mi hijo tenía una relación conmigo. Él conocía mi amor por él y mi deleite en él. Conocía la seguridad de mi aceptación. Estaba en casa conmigo y, por lo tanto, libre para ser él mismo, libre para venir a mi presencia y jugar. Y él hizo exactamente eso. En la libertad de la aceptación, se acercó a mi presencia, saltó sobre el sofá y me hizo jugar. Lo siguiente que supe fue que estábamos rodando por el suelo, luchando, riendo y pasando el mejor momento de nuestras vidas. Y su amigo estaba allí con nosotros.

Más tarde me di cuenta de que había ocurrido algo bastante crítico, se había representado una parábola. Piénsalo de esta manera. Supongamos que borraste a mi hijo de la ecuación por un momento. Supongamos que su amigo entró en la guarida solo. Sospecho que, dado que éramos completos extraños, él nunca se habría subido al sofá para jugar conmigo. Sin la presencia de mi hijo, no hubiera habido seguridad de aceptación, no hubiera estado en casa y, por lo tanto, no habría libertad para pasear en mi presencia.

Pero mi hijo *estaba* presente. Y lo maravilloso que sucedió fue que la relación de mi hijo conmigo, su conocimiento de mi aceptación, su libertad para venir a mi presencia, se abrió paso en el corazón de su amigo. Era simple, pero notable. Este chico fue introducido en algo que no era suyo y tuvo que compartirlo. Llegó a compartir la relación de mi hijo conmigo. Participó en la libertad de mi hijo. Jugó en él.

Ahora, aquí está la pregunta. ¿Será que algo muy parecido a esto está pasando en tu vida pero no lo sabes? ¿Será que tú, como el amigo de mi hijo, has sido incluido en la vida de otra persona? ¿Será que vuestros intereses y cargas, vuestros deleites y amores, no son, estrictamente hablando, vuestros en absoluto? ¿Qué pasa si tienen su origen en otra persona que los comparte en secreto contigo? ¿Qué pasa si tu creatividad y trabajo, tu amor por tu familia, tu deleite en la música, el golf y la pesca, tu preocupación por que las cosas estén bien, tu alegría de dar, si todo no se origina en ti sino en alguien mucho más grande que tú, alguien Quién te ama tanto que comparte Su excelencia, Su belleza, Su integridad y plenitud contigo?

Eso es exactamente, creo, lo que quiere decir Emmanuel. A todos se nos ha dado un don asombroso, el don de participar en la relación de Jesucristo con Dios Padre Todopoderoso en la comunión del Espíritu. Este es el secreto de tu existencia. Usted es un participante en la vida de Jesús. Al igual que el amigo de mi hijo, te han introducido en algo que no es tuyo, incluido en él, y estás viviendo en ello.[16] Es posible que el troll te haga creer su susurro "No soy...", pero la verdad eres tú. están viviendo nada menos que la vida de Jesús con su Padre.

Dios no es un bibliotecario o un viejo profesor o algún tipo de agujero negro divino que está tan angustiado, tan solo, aburrido y necesitado que chupa la vida de todo lo que lo rodea. Dios existe como una relación trina: Padre, Hijo y Espíritu. Y no es una relación muerta o vacía. El Padre, el Hijo y el Espíritu no son como tres estatuas de bronce en el parque: sin palabras, sin movimiento, sin corazón. El Padre ama a Su Hijo. Lo ama, está absolutamente emocionado con él, rebosante de orgullo por él.[17] Y el Hijo adora a su Padre, lo ama con todo su corazón, alma, mente y fuerzas en la libertad y comunión del Espíritu. Lejos de

16 Ver Colosenses 1:27
17 Ver Mateo 3: 17; 17:5 y Juan 5:19-20.

quedarse congelados en una pose sin vida, el Padre, el Hijo y el Espíritu viven en un círculo de hospitalidad ansiosa y generosa. Es un círculo de abrazos apasionados, de aceptación, deleite y amor mutuos, que no se manifiesta en la tristeza, la depresión o la miseria, sino en una vida sin cadenas: una comunión gozosa y desbordante. Los primeros teólogos de la iglesia tenían toda la razón cuando hablaban de la vida trina de Dios como una danza divina. No está muerta, sino viva, buena, justa, inagotable, desbordante, creativa.

Probablemente conozcas la historia bíblica sobre Jesús convirtiendo el agua en vino.[18] Lo que siempre me ha parecido extraño de la historia es el hecho de que Jesús les pidió a los sirvientes que le trajeran agua. Piénsalo. Si Jesús puede convertir el agua en vino, seguramente no necesita que nadie le traiga agua, ¿o sí? Por supuesto que no. Entonces, ¿por qué pide ayuda a los sirvientes? Porque ese es el tipo de persona que es. Se deleita en incluir a otros en lo que está haciendo.

Creo que esta historia es una imagen de la misma razón por la que Jesucristo se convirtió en un ser humano. ¿Alguna vez has pensado en eso? ¿Por qué se preocuparía el Hijo de convertirse en un ser humano? ¿Por qué haría tal cosa? Es muy parecido a los abuelos cuando se ponen a cuatro patas para jugar con su nuevo nieto. El punto es compartir la vida con sus seres queridos. Innatamente, saben que para comunicarse deben rebajarse al nivel del infante y hacer su mejor esfuerzo para entrar en el mundo del

---

18 Ver Juan 2:1ff

nieto. Por supuesto, lo que llamamos "la encarnación" es mucho más profundo que esto, pero la idea básica es la misma. El Hijo de Dios se hizo humano para poder compartir su vida con nosotros de una manera que realmente pudiera tocarnos.

Pero el troll nos ha mentido durante tanto tiempo acerca de Dios que creemos que está muy lejos en el cielo. Todas las mentiras del troll sobre Dios están diseñadas para evitar que sepamos sobre la presencia de Jesús, sobre Emanuel. Y me parece que el troll ha hecho un trabajo bastante bueno, incluso, y quizás especialmente, en la Iglesia. Porque lo que es básico acerca de nuestra percepción de Dios y de nosotros mismos es que estamos separados. Vemos a Dios de un lado de la mesa y a nosotros mismos del otro. Dios pone Sus reglas y mandamientos sobre la mesa y se supone que debemos responder y guardar las reglas. La religión es todo el conjunto de cosas que se nos ocurren para poner sobre la mesa para responder a Dios por nosotros mismos. Pero todo esto es un error. Además del hecho de que Dios está interesado en mucho más que en mantener las reglas, esta forma de pensar deja a Jesús fuera de escena. No hay Emanuel en la ecuación. No es cristiano en absoluto, porque la simple verdad es que ahora Dios está en *ambos* lados de la mesa. El Hijo de Dios se hizo hombre.[19] Así que ahora tenéis al Padre de un lado y al Hijo del otro, en nuestro lugar, sentado en nuestra silla. Y comparten la vida juntos en la comunión del Espíritu.[20]

---

19 Ver Juan 1:1-3; 14
20 Ver Mateo 3:16-17 y 11:27

¿Por qué? ¿Por qué el Hijo se acercó a nuestro lado de la mesa? La respuesta es simple. Hizo esto para poder compartir su vida con nosotros. Él nació para ser el mediador.[21] Vino para poder compartir con nosotros la vida y la integridad que tiene en su relación con su Padre desde toda la eternidad.[22] Ese es un pensamiento impresionante cuando nos detenemos el tiempo suficiente para asimilarlo. Pero no es un mero pensamiento: es la pura verdad.

El evangelio tiene que ver con el hecho de que el Hijo de Dios, que disfruta de la *vida* con su Padre en la comunión del Espíritu, se hizo humano, pasó a nuestro lado de la mesa, para poder compartir nada menos que esta vida *con nosotros*. Y fue enviado no solo para compartir esta vida con nosotros, sino también para tratar de una vez por todas con nuestra alienación de ella. ¿De qué le serviría al abuelo rebajarse al nieto si el nieto fuera ciego, sordo y mudo? Pero, si al agacharse, el abuelo también podía curar, pues ese es el punto. Jesús vino a compartir su rica vida con nosotros, y vino a hacer lo que fuera necesario, incluso a un gran costo para sí mismo, para sanarnos para que podamos conocer y vivir en su vida con él.

El hecho de que Jesucristo haya venido significa que no estás solo, y por lo tanto que no eres inútil, inadecuado, equivocado, extraño. El Padre os ha hecho bienaventurados en Su Hijo.[23]

---

21 Ver I Timoteo 2:5 y Hebreos 8:6; 9:15.
22 Ver Mateo 11:27-30.
23 Ver Efesios 1:3.

Os ha incluido en todo lo que Jesús es para Él y en todo lo que comparten juntos. Estás vestido con una dignidad, gloria y plenitud incomparables en este momento,[24] y no solo estás vestido, sino que estás viviendo en ello. Al igual que el amigo de mi hijo, estás incluido en algo que no es tuyo y estás justo en el medio. Estás viviendo en la excelencia, plenitud y gloria de Jesús, en su justicia, belleza y pasión, en su vida con su Padre. Estás vivo con la vida del Dios triuno.

---

24 Colosenses 2:9-10.

Lo que sabes pero nunca supiste

Déjame contarte otra historia que ayudará a aclarar lo que estoy diciendo. En un avión, recientemente, me senté junto a un biólogo. En realidad, ¡se llamó a sí mismo un "microbiólogo evolutivo sistemático"! Regresaba de lo que me pareció una expedición tipo Indiana Jones en el Caribe. Fue, de hecho, un viaje de investigación dedicado al estudio de varias especies de plantas.

Ahora, lo admito, no soy un gran hombre de plantas. Hablar de plantas, especialmente especies raras que la persona promedio ni siquiera sabe que existen, no es mi idea de diversión. Pero este chico estaba tan emocionado que no pude evitar quedar atrapado en su entusiasmo. Lejos de ser seco y crujiente, este hombre tenía fuego en el estómago y estaba absolutamente encantado con su trabajo.

Se lanzó con esta historia sobre plantas que estaban al borde de la extinción, cuán importantes eran, qué se podía hacer para salvarlas y por qué debemos salvarlas. Simplemente no podía soportar la idea de que ya habíamos perdido y ahora estábamos perdiendo especies enteras de plantas hasta la extinción. Incluso sacó su servilleta y dibujó diagramas y tablas. Debo decir que aprendí más botánica en ese lapso de tiempo de lo que había aprendido en años de escolarización.

Cuando terminó, me incliné y le hice una pregunta simple.

"¿De dónde", le pregunté, "obtuviste tu pasión por las plantas?" Lo tomó desprevenido y me miró como si tuviera un tercer ojo. Dije: "Quiero decir, no todos los días conoces a alguien que tiene una carga tan profunda por el bienestar de las plantas. Solo tengo curiosidad por su origen. ¿Creciste rodeado de botánicos? ¿Tus padres son botánicos? ¿Decidiste un día que ibas a amar las plantas? Dijo que en realidad nunca había pensado mucho en eso. Y ambos dijimos, riendo, "¡Probablemente solo evolucionó!"

Pero luego saqué mi servilleta y dibujé tres círculos interrelacionados, con el Padre escrito en un círculo y el Hijo y el Espíritu en los otros. Señalé el círculo con el nombre del Hijo y dije: "Conozco el origen de tu profunda pasión por las plantas. Solo hay un ser humano en el universo que realmente se preocupa por las plantas. Está encantado con la creación de su Padre, preocupado por su bienestar y preservación. Conoce las plantas por su nombre, cada una de ellas. Y sé quién eres. Eres partícipe de la pasión de Jesucristo por la creación de su Padre.

"Ese fuego en tu vientre no es tuyo. No tiene su origen en ti. Viene de Jesucristo. Él pone en ti su pasión por las plantas de su Padre. Humildemente comparte su deleite en ellas, su preocupación por su bienestar, su deseo por su plenitud contigo a través de su Espíritu invisible. Y estás viviendo en él. Te acuestas por la noche, te despiertas por la mañana y trabajas todo el día en sus inquietudes e ideas creativas. Están sucediendo muchas más cosas en tu vida de lo que jamás imaginaste. Estás viviendo en la vida de Jesús, participando de la relación que Jesucristo tiene con su Padre en la comunión del Espíritu. ¡Vives en el círculo de la vida Triuna de Dios y ni siquiera estás seguro de que Dios exista!"

Emmanuel no es una teoría. Es el secreto. Jesucristo no está escondido en algún armario en el cielo esperando que llegue el día en que pueda convertirse en un factor real en el universo. Él es el Señor nuestro Dios con nosotros. Él es aquel en, por y a través de quien todas las cosas existen y se mantienen unidas, incluyéndote a ti. ¡Despierta! "Yo soy la luz del mundo, el que me sigue no vivirá en tinieblas, sino que tendrá el secreto de la vida."[25] ¿No ves quién eres y con quién te estás involucrado? ¿No ves lo que está pasando en tu vida, qué cosa grande y asombrosa te ha sido conferida?

Déjame contarte otra historia. Una madre joven entró en mi oficina con una pila de boletines en la mano. Los dejó caer sobre mi escritorio y exclamó: "¡Me siento como un montón de estiércol! He estado leyendo estos boletines de amigos y misioneros y todos están haciendo cosas maravillosas para Dios. Y me di cuenta de la vida sin valor que tengo. Por el bien de Pete, lavo tres cargas de ropa al día, y cuando no estoy lavando ropa, estoy comprando comestibles, y cuando no estoy comprando comestibles, estoy descargando los comestibles o cocinándolos o limpiando después de cocinarlos. Y en algún lugar estoy tratando de mantener presentable este desorden de la casa, estar en contacto con tres niños, mantenerlos vestidos y a tiempo y encontrar un poco de tiempo para mi esposo. Estoy demasiado cansada incluso para leer

25 Juan 8:12

mi Biblia. ¿Qué tengo que ofrecer a Dios?"

"¡Espera!" Yo dije. "Sólo tienes que esperar un minuto. Necesitamos presionar el botón de pausa y repensar todo esto. Sucede que ayer pasaste dos horas comprando un abrigo para tu hija para mantenerla abrigada. Y no cualquier abrigo, fíjate, sino uno que a ella le gustaría, que sería lo suficientemente grande como para usarlo el próximo año pero no lo parecería, ¡y uno que estaba en oferta! Y sé que encontraste exactamente el correcto. Ahora aquí está mi pregunta: ¿De dónde viene tu preocupación por tu hija? Quiero decir, ¿acabas de decidir que ibas a ser una buena madre y activaste un interruptor que creó esta carga para el bienestar de tu hija? ¿Cuál es el origen de tu amor por ella o por tu familia, de tu preocupación por que coman bien todos los días, por que se nutran? ¿De dónde sacaste esta carga para un hogar limpio y ordenado?

"Estás pensando como un deísta. Estás pensando que Dios creó este universo, le dio cuerda como un gran reloj, lo puso en marcha y luego salió de la imagen. Estás pensando que Dios no está aquí. Y estás pensando que todo lo que está pasando en tu vida, tu cocina y limpieza y compras de comestibles, tu amor por tus hijos y esposo y tu preocupación por su bienestar y todo lo que eso genera, todo está fuera del círculo de la vida de Dios. Y debido a que estás pensando de esta manera, estás muy frustrada, has perdido la plenitud y el gozo de todo eso, y estás tratando desesperadamente de descubrir cómo hacer todo esto y luego agregar algo para Dios.

"Estas perdiendo el punto. Y el punto es que Jesucristo no está allá arriba esperando que hagas algo por él. Él está aquí en ti. Él está compartiendo su carga por sus ovejas (tu familia) y su sustento contigo. Y te despiertas en él, vives en él todo el día, y realmente te encanta. Te hace cantar. Pero no lo ves por lo que realmente es. No es *tu* carga y deleite, sino *el* de él, y no hay cosa más santa en todo el mundo que cocinar una comida para tu familia. Porque eso es nada menos que Dios el Padre mismo, a través de Su Hijo y en el Espíritu, compartiendo Su fiesta real con Sus amados. ¡Es un evento divino!

"Están sucediendo muchas más cosas en tu vida de lo que jamás soñaste. Si no lo ves, morirás de la muerte lenta y dolorosa de la acedia, un aburrimiento cada vez más intenso que es tan profundo y penetrante que pierdes toda pasión. Levantarás copas doradas de rico vino tinto a tus labios y nunca lo probarás. ¡Y te desesperarás por la frustración de no tener nunca una copa de buen vino!"

Permítanme compartir una historia más. Estuve cenando recientemente con un golfista profesional que también es cristiano. Se inclinó hacia mí y con gran seriedad me preguntó: "¿Cómo encaja Dios en el golf?". Sé que hablaba en serio. Pude ver un profundo dilema en sus ojos. Porque en su corazón deseaba jugar al golf, el juego lo emocionaba, pero en su cabeza no podía entender cómo esto estaba ni remotamente relacionado con honrar a Dios, a menos que lograra ganar en alguna ocasión y luego pudiera dar la gloria a Dios. Estaba desgarrado.

El Secreto

Su pregunta es una de las más grandes preguntas teológicas que me han hecho. ¿Qué respondí? ¡Le conté la historia de mi hijo y su amigo en la guarida y luego la historia del biólogo! Y le recordé a Eric Liddel, el campeón olímpico, en la película Carros de Fuego y esa poderosa escena cuando le dice a su hermana: "*Dios* me hizo rápido, y cuando corro siento *su placer*".

Mi amigo golfista también se había olvidado de las buenas noticias de Emanuel. El troll lo hizo pensar que Dios era simplemente un espectador, allá arriba en algún lugar viendo el juego. Por lo tanto, vio su deleite en el golf como *suyo* y no como *del Padre*. Se vio a sí mismo en términos de troll con Dios por un lado y él mismo por el otro. El golf estaba estrictamente de nuestro lado de la mesa y quería saber cómo podía glorificar a Dios en él.

Pero lo cierto es que el golf no es *su* dominio. Ha sido invadido por Jesucristo. Es una de las habitaciones, los lugares de morada, de la vida Triuna. ¿Qué piensas? ¿Está Jesús allá arriba en alguna prisión celestial esperando que entendamos bien nuestra religión? ¿Ha desalojado el local, nos ha dejado huérfanos[26] fuera del círculo de su vida familiar? ¿No es más que un monje que creó una orden religiosa? Yo creo que no.

Emmanuel no es una invitación. Es la verdad. Jesucristo no está ausente, está presente. Él *está* maravillosamente, humilde y secretamente compartiendo *su vida* con su Padre con nosotros. Es

---

26 Ver Juan 14:18.

esta danza divina, este círculo de deleite y alegría, belleza, excelencia y gloria, y nada menos, que habita el corazón de nuestro golfista, lo inspira y lo emociona. A Jesucristo no podría importarle menos si lo glorificamos en el golf. Su pasión es que juguemos al golf en su gloria.

¿Cómo encaja Dios en el golf? La verdadera pregunta es, ¿sería divertido el juego en sin él? ¿Sería divertido vivir sin él? Bueno, ¡por supuesto que no!

Vivir sin compartir este círculo de la vida sería pura monotonía. Por lo que hace tan buenas las relaciones, las amistades y las conversaciones; lo que hace tan noble el trabajo, la docencia, la medicina y el cuidado; lo que hace que el béisbol, la jardinería, la pesca y las carreras de autos sean tan agradables; lo que hace que el arte, la música y la danza sean tan vivos es que todos ellos son, en su sentido más profundo, las moradas de la vida Trina del Padre, Hijo y Espíritu.

Emanuel significa que la existencia humana ha sido bautizada en la gloria, la plenitud, la excelencia, la belleza, la *vida* del Dios Triuno. Nuestro problema no es que nos hayan excluido, más de lo que el niño fue excluido de la feria o los Enanos fueron excluidos de Narnia. Nuestro problema es que creemos el susurro del troll: "No soy...". Vivimos, día tras día, con nuestro interior tan destrozado y nuestra seguridad tan abrumada que sufrimos de *enanitis* aguda. No podemos ver la gloria. "Es solo golf, solo béisbol, solo pesca. Es solo comprar comestibles, cocinar y limpiar, solo cenar. Es solo botánica, solo trabajo, solo sol, solo flores, solo música. Es solo mi hija que viene a molestarme de nuevo". El troll ha hecho tal picadillo de nuestros corazones que no vemos lo que realmente está pasando en nosotros y alrededor de nosotros. No tenemos idea de lo grande y asombroso que se nos ha concedido. No sabemos quiénes somos realmente. ¡Levantamos copas doradas de rico vino tinto, pero solo saboreamos agua sucia del abrevadero de un burro! ¡Y luego nos pasamos la vida pasando de una cosa a otra en una búsqueda larga, desesperada y frenética de una copa de vino de verdad! Pero el evangelio es realmente bastante simple. Frente al susurro del troll, "Yo no soy…", el Padre está gritando Su eterna palabra, "¡Tú eres Mío! y nos está llamando a responder: "¡Sí, lo soy!"